NOTICE HISTORIQUE

SUR LA VIE ET LES OUVRAGES

DE M. GONDOIN,

PAR M. QUATREMÈRE DE QUINCY,

Lue à la séance publique de l'Académie royale des Beaux-Arts, du 6 octobre 1821.

M. JACQUES GONDOIN naquit à Saint-Ouen sur Seine, le 7 juin 1737. Sa première éducation ne semblait pas devoir lui ouvrir la carrière des talents. La profession de son père aurait pu même le retenir dans un des rangs inférieurs de la société, si ce père n'eût eu dans son genre un mérite fort distingué. Chaque état a ses moyens d'élévation; et il n'en est aucun où, par l'effet d'une louable ambition, on ne puisse arriver à un degré qui honore la profession et celui qui l'exerce.

M. Gondoin, le père, avait commencé par être simple jardinier; et il y a loin de celui qu'on appelle ainsi, à un jardinier en chef d'une maison royale. Voilà le point auquel il sut s'élever. Ainsi ceux qui ont vu les beaux jardins de Choisy-le-Roi, plantés et dirigés par lui, et ceux qui con-

I

naissent les rapports qui unissent l'art du jardinage et celui de l'architecture, s'étonneront peu que le célèbre architecte de l'École de chirurgie ait pu trouver dans les travaux de son père quelques inspirations propres à produire en lui la passion de l'art de bâtir.

Le château de Choisy, qui, avec ses magnifiques jardins, a disparu sous le niveau révolutionnaire, était la maison de plaisance que Louis XV, affectionnait le plus. C'était sa création, et nulle part il n'aimait davantage à venir oublier qu'il était roi. La popularité a toujours été une qualité de nos princes. Louis XIV, que l'éclat de son règne et les peintures de Lebrun nous montrent toujours sous l'auréole de la gloire et de la majesté, fut pourtant l'homme de sa cour le plus affable, le plus populaire. On sait avec quelle familiarité il s'entretenait avec son jardinier; il est vrai que ce jardinier était le célèbre Lenôtre. Louis XV se plaisait de même avec son jardinier de Choisy, chez lequel il aimait à trouver ce que les rois rencontrent si rarement, le langage de la franchise et de la bonhomie.

Un jour le bon Gondoin (c'est ainsi que Louis XV l'appelait), avait ménagé au roi la surprise d'une offrande consistant en fleurs rares et en fruits précoces. De pareils hommages ne sont souvent, de la part des subalternes, que des dons intéressés. Mais le monarque savait distinguer les présents du cœur, et il savait encore comment on doit les reconnaître. Il fit exécuter dans une de ses manufactures un assortiment complet de la plus belle faïence, sur laquelle on peignit les instruments et les produits du jardinage. Les grandes pièces étaient marquées d'écussons avec armes ainsi parlantes. Tel fut le cadeau du prince. Il est devenu un monument de famille, et, arrivé aujourd'hui à la troisième génération, on le conserve comme l'objet le plus précieux dans le patrimoine du jeune orphelin appelé à perpétuer et le nom de son aïeul et la réputation de son père.

Nos rois ont souvent fait mentir le proverbe qui dit que *Service des grands n'est point héritage*. Lorsque Louis XV eut perdu son jardinier chéri, il ne se consola de sa perte qu'en donnant la place à l'un de ses fils, et en protégeant l'autre, qu'un goût décidé avait porté vers l'étude de l'architecture.

Sous de tels auspices, le jeune Gondoin sentit redoubler son ardeur et ses forces. Quelquefois le talent se fortifie par les obstacles, il aime à lutter contre la fortune. La fortune aussi, d'autres fois, se plaît à protéger le talent ; et une ame généreuse n'accepte son aide que pour arriver plus vite et monter plus haut. C'est ce que fit M. Gondoin.

L'école de J. F. Blondel, où il était entré, le mit sur la route la meilleure qui pût alors s'offrir au zèle d'un élève stimulé par l'ambition du talent et le désir des succès. J. F. Blondel réunissait à une grande pratique une instruction étendue. Les ouvrages théoriques qu'il a laissés déposent, en sa faveur, d'un sens droit, d'un goût cultivé ; et ses doctrines, assez diffuses si l'on veut, n'en eurent pas moins, pour le temps où il les publia, l'avantage de rappeler dans l'architecture ce qu'on y avait trop méconnu, l'emploi de la raison sans l'abus du raisonnement.

M. Gondoin fit de rapides progrès sous ce maître, et en peu de temps il parvint à remporter le second prix d'architecture. La protection du roi le dispensa de tenter les hasards d'un nouveau concours, et il obtint une place de pensionnaire à l'Académie de France à Rome, où il passa quatre années.

Rome est sans contredit la grande école de l'architecture, je veux dire l'école qui offre le plus de leçons utiles, s'il est vrai que les meilleures sont celles qui font connaître et aimer le bien, par l'opposition du mal. Nulle part, en effet, on ne saurait trouver une plus grande réunion d'exemples à suivre et d'exemples à fuir. Là les ouvrages de vingt siècles sont exposés avec leurs variations et leurs changements de goût ; mais c'est surtout depuis le renouvellement des arts, que les nouveautés se sont multipliées. Le génie moderne se lassa promptement de marcher à la suite des anciens.

Le 17e siècle eut aussi sa fièvre d'orgueil. Cette maladie, de quelque manière et en quelque genre qu'elle se prononce chez les peuples, a toujours pour effet ou pour symptôme, le mépris du passé, la haute estime du présent. On vit, sur la fin de ce siècle, une ligue puissante formée en France contre Homère et les écrivains anciens ; en Italie, contre les ouvrages de l'art et de l'architecture antique. Les succès de cette double attaque furent divers : car les écrits des contempteurs littéraires de l'antiquité furent bientôt oubliés ; mais les monuments des détracteurs de l'architecture antique sont encore debout, et ils ont perverti pendant long-temps le goût de toute l'Europe.

Cette espèce de révolte du présent contre le passé eut deux causes : l'une générale, je veux dire l'opinion que l'esprit de l'homme, héritier perpétuel des trésors de chaque siècle, doit sans cesse augmenter son patrimoine, ce qui, reconnu vrai pour les choses tributaires de l'expérience dans le monde physique, est démontré faux pour ce qui est du ressort de l'intelligence et du génie dans le monde moral; l'autre cause, qui a un rapport particulier, plus direct, avec l'architecture, fut ce penchant presque irrésistible qui semble forcer l'homme d'appliquer à tout la faculté de l'esprit dominante dans chaque siècle, et même aux objets et aux matières le moins d'accord avec elle. Ainsi, la faculté imaginative s'étant ingérée autrefois à régenter les sciences physiques et mathématiques, on vit depuis, par une tendance opposée, l'esprit mathématique pénétrer dans les beaux arts, et surtout dans les combinaisons de l'art de bâtir.

Le 17ᵉ siècle fut, comme on sait, pour l'Italie, le grand siècle des sciences exactes. Or, la construction dans l'architecture ayant ouvert un vaste champ à la science du calcul, il s'ensuivit une direction nouvelle d'idées et d'études, qui bientôt dénaturèrent les principes de l'art, et le soumirent à des conditions que l'antiquité avait méconnues. On peut affirmer que tous les grands ouvrages des anciens furent exécutés sans le secours de ce qu'on appelle la science, et c'est pour cela que tout y fut simple et solide. Ces deux mots renferment la raison de presque toutes les beautés en architecture; et la construction qui les réalisa jadis, n'eut jamais besoin que des premiers éléments du calcul.

Mais, au 17ᵉ siècle, on s'avisa de considérer les édifices moins en eux-mêmes, ou dans la vue de leur emploi, que comme susceptibles de devenir la matière de problêmes compliqués à résoudre par l'art du trait, que comme un assemblage de coupes extraordinaires, dont la géométrie seule avait le secret. La science se crut appelée à remplacer le génie. Le beau ne fut plus que le difficile. De là ce règne de la bizarrerie, sous lequel toute ligne droite eût passé pour une aberration, toute forme régulière pour une irrégularité.

Ceci nous explique comment il arriva que le retour au bon sens parut d'abord un contre-sens dans l'architecture. Ce retour cependant avait commencé d'avoir lieu, du moins en France, lorsque M. Gondoin étudiait en Italie; et c'est une circonstance heureuse en tout genre, que celle qui place l'homme de talent dans cette position où l'on paraît faire du nouveau lorsqu'on ne fait que revenir à l'ancien. Si M. Gondoin eut l'avantage de cette position, ce fait ne tend pas à diminuer l'éclat de son talent, mais bien à rendre raison de quelques-unes des causes qui le firent briller d'une manière aussi vive qu'inattendue.

L'occasion, alors même assez rare pour un jeune homme, de se mettre en scène dans un monument public, sembla venir au-devant de lui, dès les premiers instants de son retour à Paris. Il eut un bonheur qui manque depuis long-temps aux jeunes architectes que leurs études en Italie ont éloignés du centre des affaires; car il leur arrive, lorsqu'ils gagnent des talents au dehors, de perdre des protecteurs chez eux; et à leur retour ils trouvent bien souvent, comme dans la fable des deux amis, la fortune, qu'ils ont été chercher fort loin, assise à la porte de celui qui n'est pas sorti.

M. Gondoin la trouva dans la protection de quelques hommes pour qui l'absence n'est pas un titre à l'oubli. Le directeur des Postes, entre autres, lui confia quelques travaux, et, ce qui vaut encore mieux, lui procura des connaissances utiles. De ce nombre fut celle de La Martinière, premier chirurgien de Louis XV, et qui s'occupait alors du projet d'élever à son art un monument qui en marquât l'importance.

La chirurgie avait tenu trop long-temps un rang inférieur dans l'empire médical. Ce qu'il y a de manuel dans les travaux de cet art, les avait fait assimiler à ces opérations vulgaires que renie ou dédaigne la science de guérir. Mais depuis le nouvel essor que lui avaient donné de nombreux perfectionnements, d'importantes découvertes et des noms célèbres, chacun éprouvait le besoin de le venger d'une confusion injurieuse, et de rehausser, par l'hommage d'un monument public, l'opinion d'un art que l'antiquité avait divinisé dans la personne de ses premiers inventeurs.

Un faux et stérile esprit d'économie a beau contester la puissance des monuments sur l'ame des peuples; pour celui qui les considère avec l'œil de la philosophie, les monuments sont les caractères d'une sorte de langue universelle, qui devient l'expression la plus éloquente des sentiments et des affections publiques, surtout quand les gouvernements savent la parler, et en faire l'interprète de la considération due aux institutions utiles. Ainsi le monument élevé à l'enseignement d'une science fait rejaillir son éclat sur ceux qui la professent, et jusque sur ceux qui l'étudient.

Honneur à ces règnes célèbres qui ont connu le véritable encouragement, c'est-à-dire la destination de ces arts faits pour la gloire, puisqu'ils sont destinés à recevoir ou à donner l'immortalité!

Honneur donc au règne successeur de celui de Louis-le-Grand; à ce règne tant calomnié, sous lequel, sans compter ce grand nombre d'entreprises utiles dans toutes les parties de la France, dans ses ports, sur ses routes, on vit s'élever des statues équestres en bronze au milieu de toutes nos grandes villes, construire les quatre plus grandes basiliques de Paris, fonder l'École Militaire, bâtir le plus magnifique Hôtel des Monnaies qui soit en Europe; renouveler et amplifier les établissements d'instruction publique, ouvrir enfin à l'art de guérir ce temple où la chirurgie se trouve réunie dans la plus noble enceinte, et sous un nom commun, avec les autres branches de la science médicale!

Mais honneur encore à l'architecte qui sut entendre aussi et parler le langage des monuments, dans leur rapport avec le genre et le caractère des institutions pour lesquelles on les crée!

Nous ne nous arrêterons pas à faire la description de l'École de Médecine, édifice connu de tout le monde; mais nous ne saurions nous dispenser de vanter ici, et nous le ferons, sans crainte de contradictions, en présence des maîtres de l'art, la supériorité du talent de M. Gondoin, et tous les genres de mérite qu'il sut réunir dans un seul monument.

Sans doute les ouvrages de l'architecture n'offrent pas à ceux qui les jugent une mesure aussi certaine que celle des autres arts du dessin. Rien de plus facile, dès-lors, que la censure en ce genre. On se fait sans peine un type de perfection abstraite, et l'on se plaît à y comparer l'ouvrage d'autrui, sans tenir compte des temps, des lieux, des sujétions, de mille circonstances qui forcent l'artiste de s'accommoder aux demandes d'un programme impérieux. Aussi le monument de M. Gondoin ne manqua point de critiques, d'abord au temps où il parut, parce qu'il contrastait singulièrement avec les pratiques modernes, et depuis, pour ne pas s'être assez approché des méthodes antiques.

Toutefois, s'il plaît aux critiques de mettre en parallèle les monuments contemporains, et tout ce qui s'est fait depuis, ici, et ailleurs, nous leur demanderons de nous faire connaître un ensemble dont le plan, avec plus d'accord et d'unité, soit mieux disposé pour produire, dans un petit espace, un effet grand et varié. Où nous montrera-t-on un péristyle d'une plus juste ordonnance, plus régulier dans ses rapports de diamètre et d'entre-colonnement, de ses proportions absolues et relatives ? Où trouvera-t-on un emploi des ordres mieux combiné pour la richesse et la solidité, plus de pureté de profils, plus de sagesse et de goût dans la décoration, plus de correction et de fini d'exécution, plus de soin dans la construction et le choix des matériaux, enfin un style mieux assorti au caractère d'une composition faite pour nous donner l'idée de ces gymnases des Grecs, dont l'histoire a conservé les souvenirs ? Un seul mot doit faire l'éloge de ce monument; il est le monument classique du 18e siècle.

Et pourtant il fut en quelque sorte le début et le coup d'essai d'un jeune homme. M. Gondoin n'avait pas 36 ans, lorsqu'il le termina. Comment s'est-il fait que le reste d'une aussi longue vie n'ait été occupé d'aucun autre monument public ? Les événements survenus depuis fourniront la réponse.

Cependant les temps qui précédèrent la révolution avaient vu Paris s'embellir par un accroissement de quartiers, où ce qu'on appelait alors le goût nouveau d'architecture, c'est-à-dire le plus ancien, s'était plu à faire revivre, quoique en petit, le style de Palladio, les idées pittoresques et cette élégance de formes, de plans, d'ornements, dont l'Italie antique et moderne offre les modèles les plus variés. M. Gondoin eut plus d'une part dans les diverses entreprises de cette époque. Plus d'une occasion lui fut donnée de travailler, soit à Paris, soit à la campagne, pour des particuliers; et ces travaux, où l'on trouve ordinairement la fortune avant la renommée, s'ils n'accrurent pas sa réputation, augmentèrent le bien dont il avait hérité, au point de lui procurer cette heureuse indépendance qui le mit à même de ne plus dépendre que de ses goûts.

Il en profita pour faire un second voyage en Italie. Peu d'artistes, quand ils ont pu se livrer à leurs désirs, ont résisté à celui de revoir les modèles sur lesquels ils se sont formés. Cette révision des ouvrages de l'antiquité est une épreuve à laquelle on aime à soumettre ses premiers jugements, et les impressions reçues à l'âge où l'imagination a pu séduire la raison. Loin de sentir décroître en lui l'admiration pour les objets qui l'avaient enflammé dans sa jeunesse, M. Gondoin fut pris de nouveau pour eux d'une passion d'autant plus forte, que ses yeux et son esprit n'avaient plus à se défendre contre le charme de la nouveauté.

Les restes des monuments antiques exercent en effet sur l'ame plus d'une sorte de prestige. Ces fragments, qui ont triomphé des siècles, reçoivent de leur mutilation même une espèce de privilège qui les soustrait à la critique, et semble augmenter la beauté, dans la partie qui subsiste, de celle qu'on se plaît à supposer au tout qui n'est plus. Aussi n'y a-t-il rien que l'imagination aime plus à rétablir dans son premier état. Cet effet, qu'il est rare et difficile d'obtenir en toute réalité, l'architecte le produit souvent dans les restaurations que le simple dessin lui permet de faire des édifices antiques; et c'est là un des travaux imposés depuis quelque temps aux architectes pensionnaires du Roi à Rome, et dont nous attendons avec empressement que le gouvernement fasse connaître le recueil, par le moyen de la gravure.

M. Gondoin conçut en ce genre l'entreprise la plus gigantesque. Il subsiste encore à Tivoli des ruines nombreuses de ce qui formait la maison de campagne de l'empereur Hadrien, immense assemblage de bâtiments qui en faisaient jadis une grande ville plutôt qu'un palais; car l'empereur s'était plu à y construire des imitations de tous les monuments qu'il avait vus dans ses voyages. Aussi cet ensemble de ruines comprend-il plusieurs milles de superficie. Retrouver les places et les rapports de tous ces monuments entre eux, faire redire aux plans leurs anciennes élévations, ressaisir un fil conducteur au milieu de ce labyrinthe de débris, on juge qu'une semblable opération demande un génie de divination tout particulier. Ajoutons que, pour procéder avec succès à de telles recherches, il faudrait pouvoir disposer en maître de tous les terrains. Aussi M. Gondoin ne résolut rien moins que d'en faire l'acquisition; et il l'aurait faite dans les obstacles innombrables qui vinrent contrarier sa résolution. Il n'en persista pas moins à emporter dans ses portefeuilles tous les détails que la nature des lieux lui permit d'embrasser; et, par une générosité assez rare, il en fit présent à son ami Piranesi,

2.

occupé alors de semblables travaux, pour faire revivre, au milieu de Rome moderne, l'antique capitale du monde.

Forcé de renoncer à s'établir dans la maison de campagne de l'empereur Hadrien, M. Gondoin porta ses vues moins haut. Il dirigea ses nouvelles recherches en architecture, vers des objets plus en rapport avec nos mœurs, vers des compositions plus accessibles à de modestes fortunes. *Les rois* (a dit le chantre des Jardins), *sont condamnés à la magnificence;* mais le charme des maisons de campagne se passe fort bien de luxe et de l'immensité des terrains.

L'architecte, dans ses études en Italie, est tenu sans doute d'apprendre son art et de former son goût sur de vastes monuments. Toutefois il ne doit les considérer le plus souvent que comme ces caractères majuscules où l'on apprend mieux à connaître les formes des lettres. Il faut savoir descendre de ces hauteurs, pour se mettre à la portée de la société où l'on vit, et approprier à ses besoins, moins la grandeur de la masse, que la grandeur de la forme des modèles qu'on imite.

C'est à quoi visa M. Gondoin, dans ses nouvelles excursions en diverses contrées de l'Italie, recueillant parmi les charmantes créations de Palladio, et les situations pittoresques des *villa* modernes, tantôt ces beaux effets que les grands maîtres ont su tirer de l'accord des fabriques avec les sites, tantôt ces partis ingénieux de jardinage, où la nature n'exclut point l'apparence de l'art, où l'art ne se récuse pas lui-même, pour mieux feindre ou singer la nature, mais où tous deux, unis de concert par un lien visible, mettent en commun leurs inventions et leurs ressources.

M. Gondoin jouissait d'une fortune qui non seulement le dispensait de chercher des entreprises lucratives, mais même lui permettait d'en faire de dispendieuses, ce qui n'est pas fort difficile en architecture et en jardinage, surtout quand le goût ne se refuse rien, et quand celui qui a le talent de faire est aussi celui qui a le moyen de payer. Ce fut avec le désir et le projet de réaliser pour lui-même et de mettre en œuvre les études de son dernier voyage d'Italie, qu'il revint à Paris ; et il ne prit pas de repos, qu'il n'eût trouvé à donner un corps au rêve favori de son imagination.

A cet effet, il se mit à parcourir les sites les plus agréables et les moins fréquentés des environs de Paris. S'étant un jour égaré sur les bords de la Seine près de Melun, il découvrit un coteau escarpé, couvert de bois, d'où s'échappait une source abondante, qui, n'ayant jamais reçu de direction, serpentait à travers les arbres, et venait tomber en cascades jusques dans le fleuve. Une source..... des eaux qui serpentent..... des cascades..... quelle découverte ! La baguette de la féerie n'est pas plus prompte, le sifflet du décorateur ne met pas plus de temps à créer ses enchantements, que l'imagination de notre architecte n'en mit à élever en idée l'édifice de sa fantaisie. Tout existait déja dans son génie, avant qu'il eût quitté ces lieux. Il ne s'agissait plus que d'acheter la source ; il l'achète. Les terrains accessoires viennent bientôt l'un après l'autre se joindre à l'acquisition de l'eau, qui pour l'artiste était le principal.

Enfin M. Gondoin se vit seigneur et maître d'un lieu jusqu'alors inconnu et anonyme, mais qu'il a rendu célèbre dans le pays, sous le nom qu'il lui donna des *Vives Eaux*.

Heureux le poëte! heureux le peintre dont l'art, souvent rapide comme la pensée, n'attend pas des secours d'autrui, dans son ouvrage, le don d'une lente et pénible création! Leur génie libre de contrainte peut élever, quand et comme il lui plaît, dans les espaces dont il dispose, l'édifice de ses conceptions, sans avoir à vaincre les obstacles du temps, la sujétion des lieux. Combien est divers le destin de l'architecte! Quelle distance sépare souvent ce qui est l'œuvre de sa pensée, d'avec ce qu'il faut appeler sa pensée mise en œuvre! De combien d'éléments étrangers dépend son exécution! Que de vicissitudes, d'embarras et de traverses en retardent l'achèvement!

Qui l'éprouva plus que M. Gondoin dans cette production libre de son génie, et malgré l'indépendance de sa position?

Retiré du monde au milieu des bois qui l'environnaient, il s'occupait tout entier à donner aux objets de ses goûts et de ses études chéries un asyle digne des arts, et qui devînt en petit pour lui ce que l'empereur Hadrien avait fait en grand, le recueil abrégé de tous les souvenirs de ses voyages. Déja les terrasses étaient nivelées, les bassins et les chûtes d'eau avaient déja reçu leur direction; les massifs et les plantations étaient disposés, lorsque la révolution éclata...... Eh! quel lieu fut à l'abri de ses éclats? Heureusement pour M. Gondoin, le château de sa *Villa* n'était pas terminé; elle n'avait pas encore un toit qui pût appeler la foudre. Quand la fortune de l'architecte n'eût reçu des circonstances aucun échec, quand les ressources pécuniaires n'eussent pas manqué, il eût convenu alors, il eût été prudent de démolir, au lieu d'élever.

Heureusement la solitude du lieu devait être un préservatif pour son propriétaire. Ne pensant plus à l'architecture, M. Gondoin ne s'occupa que du soin de conserver l'architecte; il se fit son propre jardinier, habita le chétif logement qui lui était destiné, en prit le modeste accoutrement; et sous ce travestissement, qui le déroba aux recherches, il attendit la fin de la tourmente révolutionnaire.

Le premier instant de calme après l'orage est celui où chacun compte ses dommages, et s'applaudit encore de ce qui lui reste. M. Gondoin, malgré les pertes qu'il avait essuyées, vit avec plaisir qu'une sage économie lui permettrait encore de poursuivre son projet : seulement il lui faudrait faire à force de temps ce que l'argent eût abrégé. Il ne se trompa point, et l'achèvement de son entreprise fut l'occupation, ou plutôt le délassement du reste de sa vie.

Le moment vint où il fallut compter aussi et recueillir tous les talents dispersés par la révolution. L'institut leur offrit un asyle, et M. Gondoin y fut appelé. Le ministère de l'intérieur forma un conseil des bâtiments, et M. Gondoin en fit partie. Bientôt arriva l'époque où l'architecture fut forcée de servir une ambition gigantesque, qui, ayant pris modèle sur celle de l'empire romain, sembla mettre aussi en réquisition tous les monuments du peuple conquérant. M. Gondoin fut chargé de la construction en pierre de la colonne de la place Vendôme, ouvrage dans lequel il n'eut d'autre mérite que d'y transporter avec une fidélité scrupuleuse les formes, les détails et les proportions de la colonne triomphale de Trajan à Rome.

C'était entre la direction de ses travaux publics, les fonctions de ses places, les soins de l'Académie, et l'achèvement de sa charmante *Villa*, qu'il partageait son temps;

mais celle-ci était l'objet constant de sa prédilection. C'est là qu'il aimait à jouir de la société d'un petit nombre d'amis, ou à goûter, au milieu des arbres qu'il avait plantés, des fleurs qu'il cultivait, le charme de la solitude où il trouvait toujours plus de douceur. Cependant elle était quelquefois troublée par les curieux, que la célébrité du lieu, des beautés de la nature et de l'art commençait à y attirer. M. Gondoin n'avait ni planté ni bâti pour la vanité; et, comme il n'en avait pas recherché les honneurs, il ne voulait pas non plus en payer les charges. Sa manière assez habituelle d'être chez lui ne ressemblait guère à celle d'un fastueux propriétaire. Soit souvenir de la profession paternelle, soit passion pour la culture des jardins, soit aussi reconnaissance pour l'heureux déguisement qui l'avait sauvé, c'était sous l'habit de jardinier qu'il se cachait souvent, et qu'il se plaisait à interdire l'entrée du jardin aux étrangers qui en auraient importuné le maître, ou lui auraient dérobé des instants qu'il dérobait lui-même aux occupations que le gouvernement continuait à lui imposer.

Entre les améliorations qui dans ces dernières années ont contribué à l'embellissement de Paris, il faut compter l'exécution d'un assez grand nombre de fontaines que le secours des nouvelles eaux a mis à même d'élever en divers quartiers de la capitale. Il était entré jadis dans le plan général de M. Gondoin pour l'École de Médecine, d'y faire une place quarrée dont la façade correspondante à celle du monument serait ornée, dans son milieu, d'une fontaine en cascade. Comme ces sortes de décorations coûtent peu dans les projets, les architectes ne s'y épargnent guère. Il n'en est pas de même de ceux qui paient. Aussi ces magnificences restent-elles ordinairement dans les portefeuilles de l'artiste. Cependant on se souvient de la fontaine projetée de M. Gondoin, et il eut ordre de l'exécuter, à-peu-près selon sa première idée. Malheureusement, après lui avoir promis une rivière pour sa cascade, on ne lui accorda guère qu'un filet d'eau, qui, glissant le long du mur, au lieu de produire une chûte, semble être plutôt l'écoulement d'un égoût. On peut douter encore qu'il soit convenable de faire tomber ainsi à couvert, et comme dans une enceinte close, les eaux qui doivent tirer leur effet, de la lumière et de l'éclat du jour. Ce monument, destiné à l'ornement de l'École de Médecine, y ajoute fort peu, surtout dans l'état incomplet où il est resté jusqu'ici. Mais l'architecte n'a point à répondre de ces imperfections.

M. Gondoin avait perdu jadis une épouse qui ne lui avait point donné de postérité. Habitué depuis long-temps à l'idée de n'avoir d'autres héritiers que ses ouvrages, il approchait, presque sans s'en douter, de ce terme avancé de la vie, qu'on regarde comme un supplément de faveur de la nature ; mais la nature avait encore eu plus de complaisance envers lui ; car, en lui comptant ces années surnuméraires, elle l'avait exempté des redevances qui se paient trop souvent en infirmités et en douleurs. Loin qu'il fût assujetti aux tributs de la vieillesse, une force privilégiée de corps et de tempérament lui avait en quelque sorte ôté la conscience de son âge. Ce fut donc, non pas seulement comme se croyant toujours jeune, mais comme l'étant de fait, par la jouissance de ses facultés, qu'à l'âge de 77 ans, il contracta un nouveau mariage avec la fille d'un de ses amis, M. Perrin, membre de l'ancienne académie de peinture.

Chose vraiment singulière; qu'une différence d'âge de 60 ans ne fut, de part ni d'autre, le sujet d'aucune objection contre une union si disproportionnée! C'est qu'il y avait chez M. Gondoin une sève de jeunesse, une verdure d'esprit et de caractère, qui dans la société communiquait aux autres, sur son âge, l'illusion qu'il éprouvait lui-même; et puis l'habitude d'une ancienne liaison dans la maison paternelle, entre la fille de son ami et lui, avait contribué à produire un de ces attachements réciproques dont l'amour n'aurait guère pu rendre compte à la raison, mais qu'il se hâta toutefois de justifier par la naissance d'un fils.

Cet évènement imprévu, qui venait de mettre le comble au bonheur de M. Gondoin, en marqua bientôt le terme. Un jeu cruel de la fortune ravit à l'enfant au berceau la mère qui l'allaitait encore, et condamna l'époux octogénaire à survivre à celle qui devait être le soutien de ses derniers jours. Les attaques de la douleur morale trouvent quelquefois, dans la faiblesse même de l'homme sensible, un manque de résistance qui en amortit les coups. Mais la constitution robuste d'ame et de corps, dont jouissait M. Gondoin, l'avait préservé de ces affections passionnées qui font à-la-fois les délices et le tourment de la vie. Jamais il n'avait eu à lutter contre de tels ennemis. Ce fut donc pour lui une atteinte toute nouvelle; et le premier chagrin qui l'ait saisi, le trouva sans défense. On le vit languir pendant quelque temps encore, jusqu'à ce qu'une maladie violente se fut emparée de lui. C'était aussi sa première maladie. Comme il n'avait jamais fait l'apprentissage d'aucun mal, il fut impossible de lui apprendre ou de lui persuader qu'il y eût des remèdes. Il refusa tous les secours de l'art, même des mains de l'amitié. Il mourut le 29 décembre 1818.

Il a été remplacé par M. Hurtault.

www.ingramcontent.com/pod-product-compliance
Lightning Source LLC
Chambersburg PA
CBHW051459060726
47596CB00006B/2832